Almut Weitze

Gemein**GEFÄHRLICH**e
Tiergedichte

Bibliografische Information der Deutschen Nationalbibliothek:
Die Deutsche Nationalbibliothek verzeichnet diese Publikation in
der Deutschen Nationalbibliografie; detaillierte bibliografische
Daten sind im Internet über http://dnb.dnb.de abrufbar.

© 2014 Almut Weitze
Illustrationen: Almut Weitze
Herstellung und Verlag:
BoD - Books on Demand, Norderstedt

ISBN: 9783734733017

Inhalt

Insekten und Gewürm — 7
Die Bücherwürmer — 9
Die Tigermücke — 10
Die Eintagsfliegen — 11
Die Laus — 12
Der Falter — 13
Der Wurm — 14
Die Motte — 15
Die Zecke — 16
Stadtbummel — 17
Der Käfer — 18
Die Bremse — 19
Die Schnecke — 20
Der Schmetterling — 21
Heldenkampf — 22

Hund und Katz — 23
Die Ecke — 25
Der Chihuahua — 26
Der Jack Russel — 27
Der Bernhardiner — 28
KratzeKatze — 29
Ein Cocker Spaniel namens Fritz — 30
Der Schweißhund — 31
Zerberus — 32

Exotische Viecherei — 33
Der Affe — 35
Das Opossum — 36
Der Elefant — 37
Die Gazelle — 38
Der Skunk — 39
Der Kraken — 40
Das Warzenschwein — 41
Der Seestern — 42
Des Nashorns Horn — 43
Der Strauß — 44

Der Hammerhai I	46
Das Nashorn und der Dorn	47
Die Schlange	48
Der Hammerhai II	49
Der Pfau	50
Die Qualle	51

Wald- und Wiesengetier 53
Der Vielfraß	55
Das Lamm	56
Der Fuchs und die Elster	57
Die Ziege	58
Der Igel	59
Das Wölfchen	60
Der Hase	61
Der Bär	62
Der Steinbock	63
Der Specht	64
Hamster und Schlange	65
Der Dompfaff	66
Der Frosch	67
Die Glucke	68
Der Spatz von Wolke 7	69
Der Hammel	70

Eine schöne Bescherung 71
Spaziergang	73
Die andere Weihnachtsgeschichte	74
Die Weihnachtsgans	76
Die Geier	77
Weihnachten	78
Schneeballschlacht	80

Ganz beschissen 81
Die Kuh und die Fliege	83
Holzwurm und Meise	84
Der Vogelschiss	85
Der Hippo	86
Der Spulwurm	87
Die Schnapsdrossel	88

Insekten und Gewürm

Treffen der Bücherwürmer

In dunkler Nacht, so um halb drei
Zwei Würmer in der Bücherei
Der eine dünn, der andre dick
Treffen mit Tränen in dem Blick
Ja sag, wo krochst denn du so raus?
Ganz abgemagert siehst du aus.
Ich war zu lang in Spartakus.
Herrje, wo bleibt da der Genuss?
Und du? Die ganze Form ist hin.
Ich weiß, ich war im Kochbuch drin.
So sprachen sie bis kurz vor drei
Dann trennten sich Wurm eins und zwei
Der Runde kroch in Moby Dick
Der Dünne blieb im Faust zurück
Und wenn das Licht geht aus beizeiten
Dann hört man 's fressen an den Seiten

Die Tigermücke

Die gemeingefährliche Tigermücke
Fand unter der Tür eine kleine Lücke
Hindurch sie wich und dann sie schlich
Mit viel Gesumm ums Bett herum
Nun könnt' man meinen, dass wenn sie gähne
Sie hätt' große Säbelzahntigerzähne
So geht doch ihr Biss, und das ist gewiss
Ganz ohne Laut bis unter die Haut
Und schlägt man sie, dass sie nicht mehr zuckt
Es dennoch stunden- und tagelang juckt
Da ist sie schon wieder, ich krieg' gleich die
    Krise
Die würd' mich glatt fressen, wenn ich sie
    ließe
Egal was es kostet, sterben muss sie
Das obergefräßige, blutrünstige Vieh

Die Eintagsfliegen

Zwei kleine Eintagsfliegen
Wollten faul in der Sonne liegen
Da machte eine Zeitung *bumm*
Und der Tag war um

Die Laus

Eines Tages nahm der Schneck
Der kleinen Laus ihr Häuschen weg
Vor Kummer fraß sie lauter Blätter
Und wurde immer dicker und fetter
Nun mochten sie weder Mensch noch Maus
Drum sucht die Laus jetzt ein neues Haus

Der Falter

Ein Falter verliebte sich in der Nacht
Ein orangefarbenes Licht hatte das Feuer
    entfacht
Behutsam gab er ihm einen Kuss
Dann traf ihn ein Schlag und es war Schluss

Und nun klebt der Falter
Auf dem Treppenlichtschalter

Der Wurm

Einst war der Wurm groß wie ein Turm
Doch dann kam ein Sturm und blies den Wurm
Um
Mitten im Regen
Deswegen

Die Motte

Eine kleine Motte
Flog nachts in eine Grotte
Vorbei an einer Fledermaus
Da war es aus

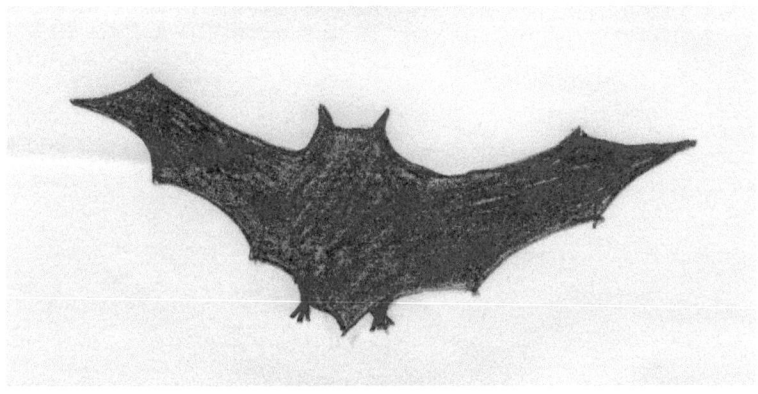

Die Zecke

Eine Zecke saß in der Hecke
Und träumte von königlichem Mahl
Von einem feinen Luxusdasein
Da streifte sie ganz banal
Des Hausmeisters Stachelbein

Stadtbummel

Eine gemütliche Hummel
Machte einen Stadtbummel
Sie summte in alle Läden hinein
Und wurde ganz müde vom Unterwegssein
Also schlief sie an einer Mauer
Doch lag schon ein Sprayer auf der Lauer
Und noch immer hört man Gebrummel
Von der eingefärbten Hummel

Der Käfer

Der Käfer sprach zum Schäfer
Geh weg, du störst meinen Schlaf
Das waren die letzten Worte
Denn schon fraß ihn ein Schaf
Und die Moral von der Geschicht
Hüte vor dummen Schafen dich
Sie hören nicht und gucken nur starr
Und fressen dich dann mit Haut und Haar

Die Bremse

Eine müde Kuh
Schlief in aller Ruh
In geflecktem Kleide
Auf der grünen Weide
Da stach eine Bremse
Durch die große Dämse
Es tönte laut ein Muh
Und dann war wieder Ruh

Die Schnecke

Eine kleine Schnecke döste unter der Hecke
Sie träumte von Blumen und saftigen Reben
Von Blättern und Gemüsebeeten
Grad wollt' sie sich grünem Salat hingeben
Da wurde sie vom Gärtner zertreten

Der Schmetterling

Ein Schmetterling war sehr belesen
Und meinte, man müsse einmal gewesen
Sein in der großen Dichterstadt
Auf nach Weimar in schnellem Flug
Sprach er und flattert über die Autobahn
Für einen VW nicht hoch genug
Nun muss er mit nach Erfurt fahren

Heldenkampf

Zwei Drachen kamen um die Ecke
Da forderte sie schon ein Recke
Mit Rüstung, Helm, Lanze und Knecht
Den Ungetümen wurde es schlecht
Was willst du von uns, du kühner Recke
Ich bin hier, auf dass ich euch niederstrecke
Sprach er und wirbelte mit der Lanze
Da wedelten sie mit dem Schwanze
Und freuten sich: Wirf doch das Stöckchen
Wir versprechen dir, wir holen 's zurück
Der Recke wütete: Trag' ich ein Röckchen
Ich töte euch, weicht ihr kein Stück
Nehmt dies und das, nun spuckt schon Feuer
Er stach sie hier und piekste sie dort
Nein, nein, Brennstoffe sind uns zu teuer
Sprachen sie und lachten sofort
Denn eines, das wusste der Recke nicht
Drachen sind ganz kitzelig
Der Held jedoch hörte nicht ihr Flehen
Da fielen sie um vor lauter Lachen
Begruben den Recken ganz aus Versehen
Und so entstand die Sage vom bösen Drachen

Hund und Katz

Die Ecke

Die Ecke hat sehr viel gesehen
Die Sonne auf- und untergehen
Regierungen zog's dran vorbei
Generationen mehr als drei
Neu'rungen aus der Wissenschaft
Wurden von ihr gar angegafft
Doch eines ändert sich wohl nie –
Da kommt des Nachbars Hundevieh

Der Chihuahua

Der Chihuahua bildet sich ein
Er müsste doch ein Berglöwe sein
Oder zumindest wie der Wolf im Wald
Er brüllte und fletschte die Zähne
Und schüttelte seine Fusselmähne
Da kam ein Windstoß, ein wenig kalt
Und der Chihuahua durch die Lasche
Verschwand in der rosa Handtasche

Der Jack Russel

Der Bratenduft vom Koch in die Nase ihm
    kroch
Drum zupft an der Decke der kleine Kecke
Das Geschirr, es fällt mit Geklirr und Gerassel
Jetzt steckt der Jack Russel im Schlamassel

Der Bernhardiner

Der Bernhardiner fraß liebend gern Wiener
Da kam ein Jeck und fraß sie ihm weg
Und lachte auf Karnevalsart ganz harsch
Drauf biss ihn der hungrige Hund in den
      A...llerwertesten

KratzeKatze

Die Katze zieht eine Fratze
Dann hebt sie ihre Tatze
                                z hoch
                       n
              a
Ganz hoch, g

Macht erst ganz sachte *kritze*
Dann plötzlich ganz stark **KRATZE**
Und nun zieh' ich die Fratze

Ein Cocker Spaniel namens Fritz

Ein Cocker Spaniel namens Fritz
Machte weder *Platz* noch *Sitz*
Er zerrte kräftig an der Leine
Ging lauten Menschen an die Beine
Und hörte er *du blöder Hund*
Dann tat er seine Meinung kund
Und hob sein Bein

Mit viel Gefühl
Er hatte Stil

Und auf *Pfui*, *Nein*
Zielte er mit Pfeffer

Es war immer ein Treffer

Der Schweißhund

Er war ein Schweißhund ohne Furcht
Drum biss er Nachbars Schuhe durch

Zerberus

Ist mit dem Leben einmal Schluss
Muss man vorbei an Zerberus
Der kann gleich dreimal so laut bellen
Und beißt hinein in solche Stellen
Von denen man glaubt, es gäbe sie nicht
Willst du vorbei, in der Unterwelt Licht
Vergiss die Münzen, nimm drei Knochen
Dann wird dir auch niemand den Hintern
      lochen

Exotische Viecherei

Der Affe

Einst hatte der Affe
Den Hals einer Giraffe
Am liebsten aß er Eis mit Sahne
Und obendrauf Banane
Doch kam er nicht in die Eisbar hinein
Denn der Kellner rief wütend nein, nein, nein
    und nein
Friss Broccoli, Spinat, eine Mandarine
Und dann sagte er mit eiserner Miene
Mit solch einem Hals kommst du hier nicht
    rein
Unsere Räume sind dafür viel zu klein
Nur wenn er kürzer wird, ja falls...
Da kriegte der Affe 'nen dicken Hals

Das Opossum

Einst war das Opossum mutig und stark
Da begegnete ihm ein Mops im Park
Der hatte üblen Mundgeruch
Das Opossum schrie: Geh weg, genuch
Der Mops jedoch, der hörte schwer
Und dachte: Dem gefall' ich sehr
Und leckte ihm um die Schnauze herum
Da erschrak das Opossum und fiel um

Der Elefant

Als der Elefant auf einer Mücke stand
Und das arme Insekt alle Sechs von sich
     streckt'
Und noch kurz haucht, das hat geschlaucht
Dich stech' ich nieder, reiß' aus alle Glieder
Das Rüsseltier schreit, oh nein, nicht mit mir
Ich hab' doch schon Angst vor einer Maus
Drum reiß' ich aus

Und auf dem Grab der Mücke im Sand
Steht nun: Hier ruht ein Elefant

Die Gazelle

Die flinke Gazelle wollt' auf die Schnelle
Noch trinken am trüben Wasserloch
Kaum beugt sie ihr Haupt, kaum setzt sie an
Hängt ihr am Hals schon ein Krokodil dran
Da war die flinke Gazelle auf die Schnelle
Ein Festmahl unter der trüben Welle

Der Skunk

Es war einmal ein Stinketier
Das liebte keiner, dort noch hier
Sahen die Leute den Streifen im Fell
Gab's gleich Gekreische, ganz laut und schrill
Das tat dem Skunk im Ohr sehr weh
In Positur er schmiss sich schnell
Und um ihn herum wurd' alles still
Bis einer brüllte, weg da, geh
Da besprühte er ihn von Kopf bis Zeh
Und alles zu Boden sank vor Gestank
Das machte selbst den Skunk ganz krank
Traurig lief er die Straße hinunter
Doch plötzlich, da wurde er wieder munter
Hing doch ein Bild hinter einer Scheibe
Und der Skunk beschloss, hier gefällt's mir,
    ich bleibe
Das Bild ist viel besser als der Einheitsbrei
Da schreit einer ganz ohne Geschrei

Und seitdem liebt der Skunk
Edvard Munch

Der Kraken

Ein kleiner frecher Kraken hatte tausend
      Fragen
Er fragte dies, er fragte das
Und machte sich daraus einen Spaß
Und fragte, wo gehen all die Netze hin
Mit den vielen Fischen drin
Der Fischer sagte, komm, mach hopp
Ich zeig 's dir bei unserem nächsten Stopp
Der Kraken freute sich da sehr
Krabbelt' ins Boot aus dem blauen Meer
Und schon fand sich der Tintenfisch
Gleich neben den Pommes auf dem Tisch

Das Warzenschwein

Das kleine dünne Warzenschwein
Wollt' so gern Schönheitskönigin sein
Es zeigte Hüfte, zeigte Bein
Doch hörte es nur: Nein, nein, nein
Jemand wie du, der ist nicht fein
Da ging es aus dem Leim

Der Seestern

Ein Seestern, ja man glaubt es nicht
Ist weder Stern, noch Meereslicht
Und trotzdem, das ist ungeheuer
Tritt man darauf, brennt es wie Feuer

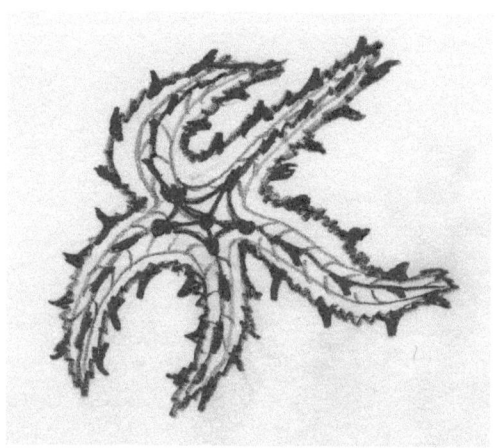

Des Nashorns Horn

Das Nashorn hatte einen Sporn
Der tat ihm weh
Drum fiel 's nach vorn
Über den Zeh
Und statt einer Beule
Wuchs ihm ein Horn

Der Strauß

Eine kleine Wühlmaus
Schlüpfte aus dem Erdreich raus
Und stieß an einen Strauß
Der saß auf seinem Gelege
Und widmete sich der Pflege
Der noch nicht geschlüpften Jungen
Erst dachte er an Blähungen
Dann sah er aber voll Empörung
Die unerwartete winzige Störung
Und fragte sich, ob er wohl der Vater
Von dem grauen hässlichen Nager
Plötzlich überkommt ihn Grauen
Wenn in allen Eiern lauern
Solche haarigen Ungeheuer
Dann ist guter Rat echt teuer
Wie soll er das seiner Gattin sagen
Die wird ihn doch glatt zum Teufel jagen
So winkt er sich ein paar Affen heran
Damit sie fangen die kleine Maus
Und senkt den Kopf in den warmen Sand
Er will das Blutbad nicht sehen, der Strauß
Doch als er den Kopf zieht aus dem Dreck

Da sind all seine Eier weg
Nur die Maus, die sitzt im Nest
Ungläubig starrt der Strauß auf den Rest
Und die Moral von der Geschicht
Verliere deine Eier nicht

Der Hammerhai I

Der Hammerhai, was für ein Jammer
Hat nur 'nen Schädel, keinen Hammer
Nicht einen Nagel bekommt er hinein
In diesen sinnigen Nonsense-Reim

Das Nashorn und der Dorn

Ein Nashorn piekste sich am Dorn
Es piekste hinten und nicht vorn
Da nahm es voller Wut und Zorn
Das Nächstbeste auf sein Horn
Das war zwar nicht die beste Wahl
Dem Kaktus war 's jedoch egal

Die Schlange

Die Schlange musste zum Nägelschneiden
Doch dieses konnte sie gar nicht leiden
Ihr wurde dann immer ganz angst und bange
Der hundertfüßigen Klapperschlange
Drum zog sie rasch alle Füßchen ein
Und hat seitdem weder Zehe noch Bein

Der Hammerhai II

Ein neugieriger Hammerhai
Wollte immer nach Shanghai
Und sein Wunsch erfüllte sich
Mit Reis kam er dort auf den Tisch

Der Pfau

Es war einmal ein kleiner Pfau
Der war ein wenig grün mit Grau
Er suchte eine hübsche Frau
Und ging deshalb zur Modenschau
Dort schlug er ein Rad und warb artig und fein
Er streckte die Brust raus und hielt die Luft ein

Gaaanz lang
Da lief er an

Drum ist der Pfau jetzt blau

Die Qualle

Eine Qualle spuckt Gift und Galle
Noch gestern wollte sie nach Malle
Doch dahin wollen nun mal alle
Nun fährt sie halt nach Halle

Wald- und Wiesengetier

Der Vielfraß

Der Vielfraß sprach, halt, ich vergaß
Was ich heut Morgen so alles aß
'S war viel und ich fraß
Und ich fraß es zum Spaß
Aber ach, ich vergaß
Denn mir fehlte das Maß
'S war ein Goldfisch im Glas
Und das Buch, das ich las
Und dann hielt er die Nas'
An das duftende Gras
Und hatte vergessen, was er vergaß

Das Lamm

Das Lamm stand auf dem Damm
Da kam eine Welle und traf
Und weg war das Schaf

Der Fuchs und die Elster

Die Elster ließ ein Steinchen fallen
Das traf den Fuchs am Hinterballen
Er hüpfte hoch und schrie vor Schmerz
Die Elster rief, war nur ein Scherz
Und setzte sich auf seinen Rücken
Wo sie begann vor lauter Entzücken
Ihm ganze Büschel Fell auszureißen
Da musst' er die Zähne zusammenbeißen
Es wurden vor Pein ihm die Augen nass
Die Elster schrie, ist nur zum Spaß

Da fraß sie der Fuchs
Aus Jux

Die Ziege

Eine Ziege lag vor Wonne
Auf ihrem Plätzchen in der Sonne
Da kamen Gänse mit Gegacker
Und zischten, mach dich ja vom Acker
Sonst beißen wir dich
Also mach die Biege
Seitdem meckert die Ziege

Der Igel

Ein kleiner fetter Beagle
Begegnete einem Igel
Der Igel schrie vor Schrecken
Ich werde dir nicht schmecken
Doch der Beagle hatte Flöhe
Und das ist die Höhe
Er freute sich über den Striegel
- Der arme Igel

Das Wölfchen

Das Wölfchen liebt Mercedes
Doch geht es nur per pedes
Hat nicht mal einen Golf
Drum läuft sich 's einen Wolf

Der Hase

Ein Hase fraß Karotten
Das ärgerte den Schotten
Er hatte gepflanzt ihrer gar acht
Nun waren fast alle weg über Nacht
Da holte der Schotte sein Gewehr
Doch waren drin längst keine Kugeln mehr
So schrie er: Es ist besser, wenn du 's lässt
Da sah der Hase kurz auf und fraß den Rest

Der Bär

Überall Flöhe hatte der Bär
Sie sprangen hin, sie sprangen her
Und bissen hier und bissen dort
Der Bär beschloss, die müssen fort

Da sah er auch schon zwei Kakteen
Und dachte, ja, das müsste gehen
Und schubberte sich dran vorsichtig
Da plötzlich spürte er einen Stich
Dann noch einen ganz fürchterlich
Ein Kaktus drehte sich gar um
Und wirbelte mit seinen Stacheln herum
Und rasselte, dann prasselte
Alles vom Schwein auf den Bär mit Krawumm

Nun hat der Bär noch immer Flöhe sitzen
Doch dekoriert mit kleinen Spitzen

Der Steinbock

Er hörte nicht Techno oder Metal, der junge
    Steinbock
Er hörte erst ein sanftes Pop und dann
    dröhnenden Rock

Der Specht

Ein alter bunter Specht
Klopfte sich ein Loch zurecht
Er pickte hier, er pickte da
Doch das Holz war einfach schlecht
Dennoch pickt er wie verrückt
Als fände er im Holz sein Glück

So gibt 's wohl immer einen
Dem der allergrößte Mist
Über all dem Anderen
Trotzdem noch am liebsten ist

Hamster und Schlange

Ein Hamster, ein ganz kleener
Wohnte in einem Container
Dann zog eine Schlange mit ein
Am nächsten Tag wohnte sie da allein

Der Dompfaff

Es war einmal ein Dompfaff
Der lebte in einem kleinen Kaff
Er träumte davon zu musizieren
Von der Domspitze zu tirilieren
Doch gab es im ganzen Nest keinen Dom
Da zog er eben um nach Rom
In Italien landete er auf dem Grill
So merke, wer klein, aber dennoch
Hoch hinaus, auf seinen Dom will
Fällt oft in die Pfanne vom Koch

Der Frosch

Des kleinen Frosches Nachtgesang
Hört man den ganzen Abend lang
Doch plötzlich ist es stille, horch
Da ist nur noch der Rülps vom Storch

Die Glucke

Eines Tages dacht' die Glucke,
Was, wenn ich Nachbars Hund angucke
Er ist recht hübsch und bellt fast nie
- Das war's mit Nachbars Hühnervieh

Der Spatz von Wolke 7

Es war einmal ein Spatz
Das war ich kleiner Matz
Einst fand ich eine Mütze
Gleich neben einer Pfütze
Ich setzte die Mütze auf -
Und dann trat einer drauf

Der Hammel

Er wohnte in England, der arme Hammel
Vor Minze hat jedes Schäfchen dort Bammel
Neben dem Zeug liegen wollte er nie
Drum tat der Hammel, als hätt' er Scrapie
Igitt, das muss weg, der Bauer schrie
Und erschoss das arme Hammelvieh
Zerhackt, verpackt und ganz abgeschmackt
Schickt er den Hammel zu den Bretonen
Dort isst man ihn nun mit Speck und Bohnen

Eine schöne Bescherung

Spaziergang

Dicke Schneeflocken fallen leise
Im Kerzenschein träumen Kinder und Greise
Es duftet nach Glühwein in allen Gassen
S' ist wieder die Zeit, um kräftig zu prassen
Da sieht man Müller beim Gassigang
Er stapft mit Struppi die Straße entlang
Und hinein in den winterlichen Wald
Wo er den Struppi dann alsbald
Ein Tannenbäumchen bewachen lässt
Die Leine macht er dabei fest
Und kehrt zurück in die Stadt allein
An den Kamin im warmen Heim
Zwei Nächte heult 's aus dem Wald wie von
      Sinnen
Nun kann das Weihnachtsfest beginnen

Die andere Weihnachtsgeschichte

Einst leuchteten Glühwürmchen so hell wie
    Sterne
Gern nahm man sie daher als Laterne
Es war das Jahr Null, als der Herr sprach
Glühwürmchen geh und bewach mir dies Dach
Das Würmchen besah sich die olle Scheune
Und dachte, der hat wohl nicht alle Neune
Das hässliche Ding soll ich bescheinen
Hat wohl gefunden von den anderen keinen
Der so dumm rumsteht hier wie ich
Und schnell zum nächsten Gasthaus es schlich
Schon flog ein Engel mit großem Krach
Gegen das unbeleuchtete Dach
Und sprach: Herrje, wie kann das sein
Wo ist das helle Lichtelein
Das dunkle Kripplein zwischen dem Vieh
Das finden die drei Könige nie
Und sollten nicht auch schon die Hirten da sein
Zum Anbeten vom Kindelein
Der Glühwurm zerstört uns den ganzen Plan
Statt hier zu leuchten, macht er 's nebenan
Er scheint mir unverbesserlich

Der kleine, freche, glühende Wicht
Na warte, dich schick ich zur Therapie in der
    Gruppe
Doch das war dem Würmchen völlig schnuppe
Es floh übers Dach in hohem Bogen
Und hat einen Schweif hinterhergezogen
Und seit der Zeit glüht 's nun als winziges
    Licht
Und denkt sich fortan, mich kriegst du nicht

Die Weihnachtsgans

Die Weihnachtsgans mit Namen Hans
Sollte am Abend etwas später in den Bräter
So ein Ofen ist sehr heiß, wie man weiß
Hans wurde daher angst und bange und nicht
     lange
Dauerte es, bis er beschloss, ich hau' ab, macht
     's gut, adiós
Er schlüpfte durch den Zaun, ohne einen
     Mucks, ganz flugs
Da fraß ihn der Fuchs

Die Geier

Auf der Weihnachtsfeier
Trafen sich zwei Geier
Ein Flugzeug war der Gabentisch
Bot Speis und Trank, alles ganz frisch
Ein Passagier war erst unter den Gästen
Dann unter den Speiseresten

Weihnachten

Im Winter krabbelt Bauer Scholz
Ins kalte, weiße Unterholz
Und weiter draußen auf der Lichtung
Sieht er ein Bäumchen wie eine Dichtung
Einen kerzengeraden Tannenbaum
So wunderschön, wie aus einem Traum
Fix holt er seine Axt heraus
Und schleppt den Baum ins warme Haus
Stellt ihn dort auf, ganz unbedacht
Hat er doch jemanden mitgebracht
Eine Meise hatte drin ihr Nest
War gar nicht geladen zum heiligen Fest
Erst beim Schmücken der Tanne
Bemerkt Scholz die Panne
Aber da war es viel zu spät
Hatte sich 's Meischen schon aufgebläht
So scheißt ihm der Vogel erst auf den Kopf
Dann auch noch in den Suppentopf
Und macht dabei ein wildes Geschrei
Dass Scholzen glaubt, sein Kopf spräng'
    entzwei
Mit den Nerven am Ende

Greift er zur Axt behände
Der Engel fällt
Die Axt, sie schnellt
Und dringt hinein
In Scholzens Bein
Das Blut, es spritzt
Scholz schreit: Verflixt
Und jetzt von Wut gepackt
Wird der kleine Baum zerhackt
Doch das verdammte Federvieh
Das trifft Scholz nie
Stattdessen fliegt es zum Fenster raus
Sucht sich ein neues Winterhaus
Und Scholz in seiner rasenden Wut
Wirft Baum samt Geschenken in die Glut
Das Haus, es brennt
Und Scholzen rennt
Zum vereisten Teich
Und bricht sogleich
Ins Wasser ein
Doch niemand hört sein klagendes Schreien -

Und Stille senkt sich über den Rest
Euch allen ein ruhiges Weihnachtsfest

Schneeballschlacht

Die Elche im tiefen Schnee
Dachten heißa juchhe
Wir machen eine Schneeballschlacht
Das es hier nur so kracht
Und trafen im Baum
Weißen Flaum
Und nun hat die Eule
Eine Beule

Ganz Beschissen

Die Kuh und die Fliege

Des Nachbars kleine dicke Kuh bekommt
    kaum noch die Augen zu
Eine summende nervige Fliege lässt sie einfach
    nicht in Ruh
Ganz tapfer bisher hat sie das Biest ertragen
Ganz ohne Murren, ganz ohne Klagen
Schon brummt sie wieder und will noch was
    sagen
Da wird sie doch glatt vom Fladen erschlagen

Holzwurm und Meise

Ein Holzwurm kroch aus einem Loch
Und sagte noch: Ja das ist doch...
Schon freute sich die kleine Meise
Über die gefundene Speise
Und riss den Wurm in vollem Sturm
Und ganz geschwinde aus der Rinde
Doch musste sich die Meise plagen
Verdarb sich dran den kleinen Magen
Und beschloss:
Aus Holz Gekrochenes wird nicht gebissen
Ab sofort wird nur noch drauf gesch...

Der Vogelschiss

Ein Adler schiss auf einen Radler
Nun macht der Dreck einen hellen Fleck
Mitten im Gesicht des armen Wicht
Die Menge schreit und tobt:
Der ist ganz weiß, der ist gedopt

Der Hippo

Der Hippo musste dringend aufs Klo
Nun konnte er es nicht in der Öffentlichkeit
Aufgrund seiner großen Schüchternheit
Und um ihn herum war nur heißer Sand
Zu sichtbar für jeden, wie er fand
Mit zusammengekniffenem Po rannte er noch
Zum nächsten dunklen Wasserloch
Und annektierte es auf seine Weise
Nun sitzt er da in der eigenen Sch...

Der Spulwurm

Der Spulwurm steht nicht an der Spüle
Viel lieber sitzt er im Gestühle

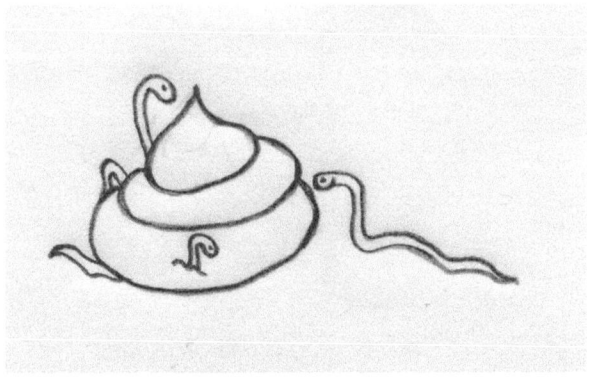

Die Schnapsdrossel

Ein Bauer saß im Raps
Und schrie, wo ist mein Schnaps
Die Flasche ist ganz leer
Wer hat getrunken, wer
Und über ihm im Baum
Hielt sich die Drossel stark im Zaum
Doch da der Bauer so schön bat
Unterzeichnete sie in Weiß ihre Tat